글 **양화당**

햇살 좋은 사무실에서 어린이책을 기획하고 집필하는 일을 하고 있습니다.
어린이들이 재미있게 읽으면서 마음의 양식으로 삼을 수 있는 따뜻하고
영양가 있는 책을 많이 쓰고 만드는 게 꿈이랍니다.
쓴 책으로 《K탐정의 척척척 대한민국》 시리즈, 《새콤달콤 열 단어 과학 캔디》
시리즈가 있습니다.

그림 **케나즈**

웹툰 및 만화 콘텐츠 전문 창작 스튜디오입니다.
내부 스토리 연구소에서 상상력이 넘치는 이야기를 만들고
그 이야기를 다양한 분야의 작가님들과 함께 만화로 구현해 내고 있습니다.

 ① 발명품이 사라졌다!

초판 1쇄 발행 2024년 2월 28일 | 초판 2쇄 발행 2024년 3월 22일 | 글 양화당 | 그림 케나즈
발행인 이봉주 | 편집장 안경숙 | 편집관리 정아름 | 편집 황지영 | 디자인 조호경
마케팅 정지운, 박현아, 원숙영, 김지윤, 황지영 | 제작 신홍섭
펴낸곳 (주)웅진씽크빅 | 주소 경기도 파주시 회동길 20 (우)10881 | 문의전화 031)956-7523(편집), 031)956-7569, 7570(마케팅)
홈페이지 www.wjjunior.co.kr | 블로그 blog.naver.com/wj_junior | 페이스북 facebook.com/wjbook | 트위터 @new_wjjr
인스타그램 @woongjin_junior | 출판신고 1980년 3월 29일 제406-2007-00046호 | 제조국 대한민국

ⓒ CJ ENM Co., Ltd. All Rights Reserved.
글 ⓒ 양화당, 2024 | 그림 ⓒ 케나즈, 2024
저작권자와 맺은 특약에 따라 검인을 생략합니다.

웅진주니어는 (주)웅진씽크빅의 유아·아동·청소년 도서 브랜드입니다. 본 제품은 (주)씨제이이엔엠과의 상품화 계약에 의거하여 (주)웅진씽크빅에 의해 제작, 생산되오니
무단 복제 시 민형사상의 법적 책임을 물을 수 있습니다. 이 책 내용의 전부 또는 일부를 이용하려면 반드시 저작권자와 (주)웅진씽크빅의 서면 동의를 받아야 합니다.

ISBN 978-89-01-27932-9 74030 · 978-89-01-27930-5 74030(세트)

* 잘못 만들어진 책은 바꾸어 드립니다.
⚠ 주의 1. 책 모서리가 날카로워 다칠 수 있으니 사람을 향해 던지거나 떨어뜨리지 마십시오. 2. 보관 시 직사광선이나 습기 찬 곳은 피해 주십시오.

① 발명품이 사라졌다!

양화당 글 | 케나즈 그림

웅진주니어

등장 인물

신비

신비아파트에 살며 친구들을 도와 귀신에 맞서는 도깨비. 요술 큐브로 귀신이나 친구들 위치 탐색, 보호막 만들기 등 다양한 요술을 부릴 수 있다.

금비

사투리 섞인 말투가 매력인 도깨비로 신비아파트에 산다. 요술 큐브로 요술을 부리는데, 주특기는 시간을 조종할 수 있는 '시간 요술'로 과거와 현재를 넘나든다.

하리

정의감 넘치는 소녀. 앞장서서 귀신에 맞설 정도로 용감하다. 고스트볼로 승천시킨 귀신을 소환할 수 있다.

두리

하리의 동생으로 누나를 무척 따른다. 겁도 많고 눈물도 많다. 하리처럼 고스트볼을 가지고 있어 승천시킨 귀신을 소환할 수 있다.

강림
하리의 친구이며 퇴마사이다. 퇴마검과 부적이 주무기. 다양한 부적으로 물과 불과 나무 등을 조종하고 마방진을 만들어 귀신을 구속할 수 있다.

리온
하리의 친구로 비밀 퇴마 집단 '아이기스'의 퇴마사다. 세피르 카드에서 나오는 빛의 창, 빛의 왕관, 빛의 방어막 등으로 공격과 방어를 한다.

현우
하리의 친구이자 수많은 구독자를 가진 괴담 카페 운영자. 카페 회원들 덕분에 귀신 정보력이 뛰어나다.

발명가 귀신
기발한 상상력으로 별난 물건만 만들어 내는 괴짜 발명가. 자신이 만든 발명품이 사람들에게 비웃음을 사자 좌절하다가 감전 사고를 당해 귀신이 되었다.

차례

1 빌딩 숲으로 사라진 귀신
생활을 편리하게 만든 발견과 발명

위험한 추락 | **엘리베이터**	20
귀신 들린 대문 | **컵라면**	32
신용 카드를 삼킨 가방 | **신용 카드**	43
사라진 검색창 | **검색 엔진**	56

2 귀신의 비밀 수첩
인류를 안전하게 한 발견과 발명

소년을 삼킨 검은 회오리 | **백신**	68
사람을 조종하는 목소리 | **엑스선**	85
주위를 맴도는 검은 새 | **과학 수사**	97
설계도를 노리는 그림자 | **신호등**	112

3 커져 버린 귀신의 분노
세상을 바꾼 위대한 발견과 발명

어둠을 몰아낸 사나이 | **백열전구**	124
하늘을 뒤덮은 먹구름 | **인공위성**	138
악마의 숫자 | **숫자 영(0)**	149
사라진 민주주의 | **투표 제도**	161

모두 이 놀이기구를 타고
칭찬하기 전엔 아무도
보내지 않겠다!
콰악
아빠,
구해 줘요!
으앙!
저런 어린아이까지
괴롭히다니!
어떤 귀신인지
가만두지 않겠다!
누나, 빨리
누구든 소환해 봐!
모주귀, 소환!

어? 귀신의 과거가 보인다!

드디어 완성이다!

털북숭이 알약을 발명했어!

털북숭이

꽉!
잘잘잘!
콰르르릉
인간 뽑기 기계를 만들어서 모두를 깜짝 놀라게 할 테다!
그럼 에디슨보다 유명해지겠지?
드디어 완성이다! 넌 내 최고의 발명품이야!
파직!
파지직!

1 빌딩 숲으로 사라진 귀신

생활을 편리하게 만든 발견과 발명

발견과 발명 - 엘리베이터

위험한 추락

하리 일행은 고층 건물로 달려가다가 입구에서 현우를 만났어.
"하리야, 여긴 무슨 일이야? 난 레오랑 괴담 수집하러 왔는데."
"우린 귀신을 쫓는 중이야. 귀신이 이 건물로 도망쳤거든!"

현우의 말에 아이들은 깜짝 놀라 서로를 보았어.
"맞아, 발명가 귀신이 발명품을 모두 없애겠다고 했지!"
"그럼 다른 엘리베이터도 모두 사라졌을 텐데?"
아이들은 재빨리 건물 밖으로 나왔어.

그때 하리가 무언가 생각난 듯 말했어.
"귀신이 과거로 돌아가 엘리베이터를 발명하지 못하게 한 게 아닐까?"
"그럼 우리는 그보다 더 앞선 과거로 가서 발명가 귀신을 막자!"
강림의 말에 하리는 재빨리 신비와 금비를 소환했어.
"금비야, 우릴 엘리베이터가 발명된 과거로 보내 줘!"

"귀신이 과거로 도망가뿐나? 그럼 내가 도와야제."

"시간 되돌리기 요술, 깻!"

사람이 뛰어들어서 기차가 급히 멈춘 것 같아!

맞아! 기차가 브레이크를 잡아 멈추는 것처럼, 엘리베이터도 멈추는 장치를 만들면 어떨까?

끼이이익

엘리베이터가 추락하면 자동으로 톱니 장치가 튀어나와 꽉 잡아 주게 하는 거야.

이렇게 하면 사람도 탈 수 있겠어요!

쾅! 갑자기 문이 닫혔어.
그러고는 책상 위에 놓인 주전자가
부풀어 올라 자꾸자꾸 커지더니
주둥이에서 물이 폭포처럼 세차게
뿜어져 나오기 시작했어.
물은 순식간에 차올라
아이들의 허리까지 올라왔어.

그때 현우 품에 안겨 있던 강아지 레오가
머리 세 개 달린 모습으로 변신해서
주전자를 향해 불을 뿜었어.
주전자는 순식간에 녹아 없어지고,
발명가 귀신이 정체를 드러냈어.

헉, 하마터면
통구이가 될 뻔했네.
어서 피하자!

레오가
우릴 구했구나!

설계도가
무사해서
다행이야.

부활 퀴즈

흐흐흐, 무슨 소리!
아래 퀴즈를 맞혀야 엘리베이터가 다시 나타난다고!

1. 도르래는 우리 생활에서 많이 이용되는 도구야.
   아래에서 도르래를 이용한 도구를 모두 찾아봐.

   ① 우물   ② 크레인   ③ 불도저

2. 도르래 말고도 일을 쉽게 하도록 도와주는 도구가 있어.
   도구의 설명으로 알맞은 것을 찾아 이어 봐.

   ① 빗면

   ② 지렛대

   ㉠ 막대기와 받침점으로 무거운 물건을 쉽게 들어 올려. 시소에도 이용돼.

   ㉡ 비스듬한 경사면을 이용해 물건을 쉽게 끌어 올려. 피라미드를 지을 때 썼어.

발견과 발명 - 컵라면

귀신 들린 대문

하리와 두리는 아파트 앞에서 강림을 만나 이야기를 나누었어.
"발명가 귀신이 다음에 또 무슨 일을 저지를까?"
"그 괴짜의 머릿속에 뭐가 들어 있는지 누가 알겠어?"
두리의 말에 하리는 지난번 일이 생각나 몸을 부르르 떨었어.
"발명가 귀신의 생각을 알아낼 방법이 있으면
좋을 텐데. 무슨 방법이 없을까?"

아이들은 주변 편의점으로 들어갔어.
"난 새로 나온 열불나컵라면! 매워도 맛나더라고!"
두리가 신이 나서 얼른 컵라면을 집어 들었어.
하리도 컵라면을 막 집으려는데
갑자기 눈앞에서 컵라면이
돌덩이로 변해 버리는 거야.
"어, 이게 뭐야?"
선반의 컵라면도 몽땅 돌덩이가 되었어.
하리는 강림과 눈이 마주치더니
심각한 표정을 지었어.
"물건이 한꺼번에 돌덩이로 변하다니,
이건 분명 발명가 귀신 짓이야!"

1971년 일본

하리 일행이 도착한 곳은 일본의 어느 동네였어.
하리가 활짝 열린 대문 사이로 할아버지를 발견했어.
할아버지는 정원 의자에 앉아 있었지.

두리가 믿을 수 없다는 듯 말했어.
"그럼 얼른 가서 확인해 보자."
하리와 두리는 할아버지에게로 급히 다가갔어.

금비의 인물 사전

안도 모모후쿠 (1910~2007)

1958년에 세계 최초로 봉지에 담긴 인스턴트 라면을, 1971년에 세계 최초로 컵라면을 발명했다. 컵라면을 발명하기 위해 매일 점심을 라면으로 먹었다는 일화가 유명하다. 일본 1위 라면 회사인 닛신식품을 세웠다.

할아버지는 깊은 생각에 잠겨 탁자에 놓인 그릇을 보고 있었어.
하리가 여러 번 부른 뒤에야 천천히 고개를 들었지.

"난 돌아와서 연구를 거듭해
뜨거운 물만 부어도 빨리 익는 라면 면발을 발명했단다.
하지만 라면을 담을 컵을 아직 못 정했어."
할아버지는 탁자 위에 놓인 그릇들을 가리켰어.

"생선 사려! 싱싱한 생선 사려!"
그때 담 너머로 생선 장수의 낭랑한 목소리가 들렸어.
"며칠 전부터 생선 장수만 오면 저렇게 대문이 저절로 닫힌단다."
할아버지가 한숨을 푹 쉬었어.

강림은 금룡퇴마검을 꺼내 들고 대문을 향했어.
"정체를 드러내게 해 주지. 이얍!"
강림은 칼로 대문을 세게 내리쳤어.

"드디어 문이 열렸네. 오늘은 생선을 좀 살 수 있겠어."
밖으로 나온 할아버지는 생선 수레를 보고 갑자기 눈이 빛났어.
"바로 저거야. 스티로폼은 가볍고 잘 깨지지 않고 보온력도 좋은 재료지."

"이걸 얇게 만들면 컵라면 그릇으로 쓸 수 있어. 드디어 컵라면을 발명할 수 있겠다!"

"이 정도면 컵라면이 되돌아오겠지?"

"발명가 귀신이 과연 고이 물러날까?"

"뭔가 불길하다 아이가."

부활 퀴즈

아직 끝난 게 아니야.
아래 퀴즈를 맞혀야 컵라면이 부활한다고!

컵라면에 대한 설명을 읽으며 두 가지 예시 중에서 알맞은 답을 골라 봐.

1. 컵라면의 컵은 스티로폼을 여러 겹으로 / 한 겹으로 만들어 물을 따뜻하게 유지해.

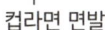

2. 컵라면의 면은 봉지 라면보다 굵고 / 가늘고, 밀가루보다 전분이 많이 섞여 있어서 아주 빨리 익어.

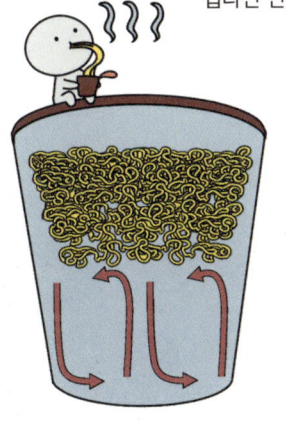

3. 컵라면의 면은 아래쪽이 성기고, 위쪽이 촘촘해. 차가운 / 뜨거운 물이 아래에서 위로 이동하는 대류의 원리를 이용한 거야. 이렇게 하면 뜨거운 물이 위쪽 면까지 잘 전달되어 면을 골고루 익혀.

발견과 발명 - 신용 카드

신용 카드를 삼킨 가방

하리와 강림은 학교를 나와 함께 집으로 향했어.
"강림아, 요즘 너무 조용한 것 같지 않아?
발명가 귀신이 사라진 걸까?"
"그렇진 않을 거야. 쉽게 포기할 귀신이 아니야.
근데 하리야, 저기 너희 아빠 아니야?"
강림이가 가리키는 곳을 보자, 은행 앞에 선
긴 줄 사이에 아빠가 있었어.

"아빠, 거기서 뭐 해요?"

"돈 찾으려고 줄 서 있잖아."

하리는 이상해서 물었어.
"아빠, 신용 카드가 있잖아요."
"말도 마."
아빠는 가게에서 있었던 일을 들려줬어.

아빠의 얘기를 듣던 주변 사람들이 너도나도 거들었어.
"나도 신용 카드가 사라졌어. 배가 아파 약국에 갔다가
약도 못 사고 나왔지. 아이고, 배야!"
"나는 식당에서 계산하려는데 신용 카드가 눈앞에서 사라졌어."
"나는 병원에서!"
이건 보나 마나 발명가 귀신의 짓이 틀림없었어.

1949년 미국 뉴욕

"이거 무슨 냄새가?"
"흐음, 감자튀김 냄새네."
하리 일행은 고풍스러운 레스토랑 안에
들어와 있었어.
그때 계산대에서 소란이 일었어.
"아니, 맥나마라 씨!
음식을 이렇게나 많이 시켜 놓고,
지갑이 없다니요?"
레스토랑 주인이 화를 냈어.

"하리야, 넌 용돈 가져왔지?"

"지갑을 집에 두고 왔나 봐요. 정말 죄송합니다."

"그럼 음식값은 어떡해요?"

뒤적
뒤적

금비의 인물 사전

프랭크 맥나마라 (1917~1957)

미국의 사업가. 카드를 보여 주고 자유롭게 식사한 다음, 나중에 한꺼번에 지불할 수 있는 신용 카드를 발명했다. 맥나마라 덕분에 세계 최초의 신용 카드 회사인 '다이너스 클럽'이 탄생했다.

사무실에 도착한 맥나마라는 친구에게
레스토랑에서 겪었던 일을 들려줬어.
그런데 친구도 돈이 부족해서 물건을 못 산 적이 있었다는 거야.
맥나마라는 좋은 생각이 떠올랐어.

맥나마라는 신이 나서 말했어.
"카드를 보여 주고 아무 때나 음식을 먹은 다음,
한 달에 한 번 한꺼번에 음식값을 계산하는 거야."
"레스토랑 주인이 그걸 허락할까?"
맥나마라는 곰곰이 생각하더니, 신분을 보증할 수 있는
이름과 주소를 카드에 넣기로 했지.

"빨리 레스토랑 주인을 만나러 가야겠어."
맥나마라가 신용 카드를 가방에 넣었어.
그러자 가방이 저절로 닫히더니,
꼼짝도 안 했어.

신용 카드를 되찾은 맥나마라는 레스토랑으로 갔어.
"레스토랑에서 이 신용 카드를 사용하게 해 준다면,
더 많은 사람이 레스토랑을 찾을 거예요."
"그럼 돈을 잘 갚을 수 있는 사람들에게만 허락할게요."
맥나마라가 모은 회원은 자그마치 200명이나 됐어.

맥나마라의 신용 카드가 인기를 얻자 다른 가게에서도
너도나도 신용 카드를 사용하게 되었어.
그 덕분에 오늘날 같은 신용 카드가 탄생하게 된 거야.

부활 퀴즈

서둘러! 퀴즈를 맞혀야 신용 카드가 부활한다고!
어려운 문제인데 과연 풀 수 있을까?

1. 신용 카드로 물건을 사면, 어떻게 물건값을 내는 걸까?
   아래 글을 읽고 순서에 맞게 번호를 써 봐.
   (① -   -   -   )

   ① 가게 주인은 물건을 팔고 영수증을 카드 회사에 보내.

   ② 한 달 뒤, 카드 회사는 물건값을 물건을 산 사람에게 달라고 해.

   ③ 물건을 산 사람은 카드 회사에 물건값을 내.

   ④ 카드 회사는 물건값을 가게 주인에게 보내 줘.

2. 신용 카드 외에도 돈 대신 사용할 수 있는 카드가 있어.
   다음 카드에 알맞은 설명을 찾아 이어 봐.

   ① 충전 카드 •   • ㉠ 카드를 쓰면, 통장에서 바로 현금이 빠져나가는 카드.

   ② 체크 카드 •   • ㉡ 일정 금액을 미리 채워 두고, 채운 만큼만 쓰는 카드.

발견과 발명 - 검색 엔진

사라진 검색창

"누나, 주말인데 놀지도 않고 뭐 해?"
두리는 하리 방문을 열고 들어오다가 깜짝 놀랐어.
"서, 설마 이 좋은 주말에 공부하고 있는 거야?"
컴퓨터를 들여다보던 하리가 두리를 한심하게 보았어.
"내가 공부 좀 하면 큰일 나냐? 인터넷 검색 중이시다!"

컴퓨터를 보던 두리가 깜짝 놀랐어.
"어, 검색창이 어디로 갔지?"
좀 전까지 보였던 네모난 검색창이 흔적도 없이 사라졌어.
"검색창이 없으면 검색은 어떻게 해?"
하리도 황당해서 모니터를 보며 눈을 비볐어.
그때 신비와 금비가 뿅 하고 둘 앞에 나타났어.

1993년 영국 스털링 대학교

플레처가 친구에게 컴퓨터를 보여 주며 자랑스레 말했어.
"인터넷이 정보의 바다란 거 알아?
연구에 참고할 만한 좋은 자료가 인터넷에 참 많다고!"
"그래? 그럼 내가 궁금했던 걸 한번 찾아볼까?
세계에서 가장 큰 개가 뭔지 알아봐야지."

"그럼 먼저 관련된 인터넷 사이트부터 찾아야 해."

"저 아저씨가 검색창을 발명한 것 같지?"

"일단은 조용히 지켜보자."

금비의 인물 사전

조너선 플레처 (1970~   )

영국의 인터넷 전문가. 영국 스털링 대학교의 기술 부서에서 일하면서 세계 최초의 인터넷 검색 엔진인 '점프스테이션'을 발명하였다. 그 뒤로 수많은 뛰어난 검색 엔진이 만들어져 그를 '검색 엔진의 아버지'라고 부른다.

그때였어. 갑자기 방 한쪽에 놓여 있던 테니스채가 붕 떠오르더니
컴퓨터를 향해 테니스공을 날리기 시작했어.
"점프스테이션 프로그램이 망가지면 안 돼!"
플레처는 컴퓨터를 보호하고 싶었지만,
테니스공이 연달아 날아와 피할 수밖에 없었어.

플레처는 사람들에게 점프스테이션 검색 엔진을 선보였어.
사람들은 15~30초 만에 인터넷에서 필요한 정보를 찾는
검색 엔진을 놀라워했어.
그 뒤 검색 엔진은 더욱 발전하여 지금은 1초 안에
전 세계의 정보를 샅샅이 찾아 알려 주지.

부활 퀴즈

검색 엔진이 없는 세상에서 살고 싶지 않으면 아래 퀴즈를 맞혀야 해.

다음 인터넷 용어의 풀이로 알맞은 것을 찾아 이어 봐.

① 이메일 • • ㉠ 검색창을 이용해 인터넷에 있는 정보를 검색하는 프로그램

② 구글 • • ㉡ '관문'이라는 뜻으로, 검색창이 있고, 다양한 정보가 모여 있는 사이트

③ 포털 • • ㉢ 세계에서 가장 많은 사람이 이용하는 미국의 검색 사이트

④ 검색 엔진 • • ㉣ 소식을 주고받고, 다양한 정보를 공유할 수 있는 인터넷 주소

2 귀신의 비밀 수첩

인류를 안전하게 한 발견과 발명

발견과 발명 - 백신

소년을 삼킨 검은 회오리

아이들과 신비, 금비는 발명가의 연구실을 찾아갔어.
발명가가 연구한 걸 살펴보면
다음 사건에 미리 대비할 수 있을지도 모른다고 생각했지.
수북한 먼지, 길게 드리워진 거미줄이
오래도록 사람의 손길이 닿지 않았다는 걸 말해 줬어.

으악! 거, 거미야!

나한테 이러지 마. 나도 무섭다고!

강림은 서로 흩어져서 발명가의 흔적을 찾아보자고 했어.
"난 선반 쪽을 살펴볼게."
"그럼 난 발명가의 책상을 살펴볼게."
하리는 먼지 수북한 책상으로 다가갔어.
거기엔 조그만 노트 한 권이 놓여 있었어.
하리는 발명 수첩이라고 적힌 노트를 펼쳐 보았어.
노트에는 발명품 설계도가 빼곡하게 그려져 있었어.

1796년 영국 글로스터셔주

하리 일행은 한 시골 마을의 외양간으로 떨어졌어.
"음매 음모오 음머어어."
금비가 놀라서 말했어.
"미안타. 와 이런 곳으로 떨어졌는지 내도 모르겠다."
그때 밖에서 말소리가 들렸어.

"제너 선생님이 웬일이세요?"

"산책 나왔어요. 어? 암소가 우두에 걸렸네요."

"네, 제너 선생님! 소 몸에 작은 물집들이 생겼어요."

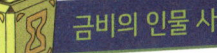
금비의 인물 사전

에드워드 제너 (1749~1823)

영국의 의학자. 소의 고름으로 천연두를 예방하는 방법을 23번의 실험을 통해 증명하고, 최초로 백신을 만들었다. 그 뒤 전 세계에서 제너가 만든 백신으로 예방 접종이 실시되었고, 1980년 세계보건기구는 천연두가 사라졌다고 선언했다.

소젖 짜는 여인이 말을 이어 갔어.
"난 소에게 옮아 우두에 걸린 뒤로, 천연두에는 안 걸리더라고요."
제너는 깜짝 놀란 표정을 짓더니 여인의 손을 살펴봤어.
"음, 우두는 약한 천연두임이 분명해."

회오리가 사라지고,
정원사는 무사히 아들을 데리고 제너에게 갔어.
제너는 우선 아이의 팔에 작은 상처를 내어 우두 고름을 넣었어.

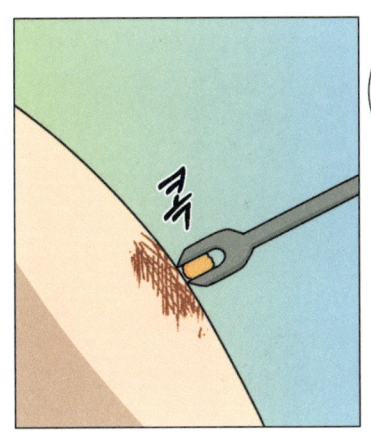

6주 뒤, 이번엔 아이에게 천연두균을 넣었어.
그런데 아이에게는 아무 증상도 나타나지 않았어.

제너는 천연두 예방법을 상세히 적어 세상에 알렸어.
암소 덕분에 만든 약이라, 암소를 뜻하는 라틴어에서
따와 백신이라고 불렀지.

부활 퀴즈

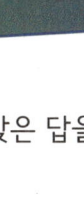

현대에는 아직 백신 자료가 돌아오지 않았어.
어서 서두르라고!

아래 글을 읽고 내가 누구인지 알맞은 답을 골라 봐.

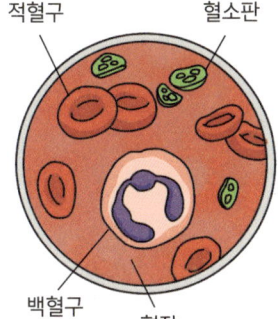

적혁구, 혈소판, 백혈구, 혈장

1. 난 핏속에 있어.
   그곳은 혈장이란 액체로 가득 차 있고,
   적혈구와 혈소판이란 친구도 있지.
   내가 하는 일은 병균이 들어올 때,
   용감하게 나서서 물리치는 거야.
   난 누굴까?

   ① 백김치   ② 백혈구   ③ 백만장자

2. 난 유명한 과학자야.
   제너는 고름을 백신으로 썼지만,
   난 백신을 약 형태로 만들었어.
   바로 닭 콜레라 백신, 광견병 백신!
   난 저온에서 균을 없애는 법도 만들어서
   우유에도 내 이름이 붙어 있어.
   난 누굴까?

   ① 파스퇴르   ② 아인슈타인   ③ 제우스

검사실 문을 연 의사 선생님은 깜짝 놀랐어.
"어, 어떻게 된 일이지? 엑스선 기계가 사라졌어."
"뭐라고요? 그럼 다른 병원으로 보내 주세요!"
현우 말에 두리가 인터넷 기사를 보여 줬어.
"형, 소용없어. 다른 병원에서도 다 사라졌대!"
"그럼, 난 어떡해!"
현우의 표정이 일그러졌어.

1895년 독일 뷔르츠부르크 대학

하리 일행은 낯선 방 앞에 떨어졌어.
"빌헬름 뢴트겐 교수? 제대로 찾아왔어."
벽에 붙은 이름표를 보고 아이들은 안으로 들어갔어.
뢴트겐 교수는 유리관을 검은 종이로 감싸느라 정신이 없었어.

 금비의 인물 사전

빌헬름 뢴트겐 (1845~1923)

독일의 물리학자. 음극선 실험을 하던 중 엑스선(뢴트겐선)을 발견해 세계 최초로 노벨 물리학상을 받았다. 엑스선은 마리 퀴리의 라듐 발견과 함께 1800년대의 2대 발견으로 평가받는다.

"자, 그럼 실험을 시작해 볼까?"
뢴트겐이 유리관에 전류를 흐르게 했어.
그런데 건너편 종이에 빛이 비치는 거야.
"헉, 내가 뭘 잘못 본 건가? 빛이 종이를 뚫다니."
뢴트겐은 유리관 앞에 책을 놓았어.
이번에도 빛은 책을 뚫고 지나가 종이에 비쳤어.
나무판자, 헝겊, 고무도 세워 보았지만, 모두 통과했지.

귀신이 도망가자 뢴트겐은 언제 그랬냐는 듯이
유리관을 내려놓고 전류를 흐르게 했어.
그러자 대단한 일이 벌어졌지.
"세상에! 빛이 통과해서 몸속의 뼈를 보이게 하잖아.
이걸 이용하면 몸속의 아픈 곳도 찾아낼 수 있겠는걸."

부활 퀴즈

아직 다 끝난 게 아니야.
아래 퀴즈를 맞혀야 엑스선 기계가 다시 나타난다고!

1. 엑스선에 대한 설명이 맞으면 ○, 틀리면 ✕를 괄호 안에 써 봐.

   ① 엑스선은 눈으로 볼 수 있어. (   )

   ② 엑스선은 물체를 통과할 수 있어. (   )

   ③ 엑스선은 강한 에너지라, 많이 쬐면 위험해. (   )

   ④ 엑스선은 빨간색이야. (   )

2. 병원 말고 일상생활에서 엑스선이 쓰이는 곳을 골라 봐.

① 공항에서 가방 속을 검사할 때

② 건물 벽에 결함이 있는지 살필 때

발견과 발명 - 과학 수사

주위를 맴도는 검은 새

하리는 현우와 함께 집으로 왔어.
"현우야, 발명가 귀신에 대해 알려 준다는 게 뭐야?"
하리가 현우에게 물었어.
"아, 맞다."
현우가 주머니에서 종이 한 장을 꺼냈어.
"이게 발명가가 사용하던 암호래. 괴담 카페에서 알아낸 거야."
하리는 현우가 내민 종이를 받았어.

"근데 하리야, 어떤 과학 수사를 말하지?"
"그러게. 손가락 지문이나 혈액형을 말하는 건가?"
그때 두리가 하리를 불렀어.
"누나, 텔레비전 좀 봐. 연쇄 살인범이 잡혔대."

시민들을 떨게 했던 연쇄 살인 용의자가 공소 시효를 사흘 앞두고 잡혔습니다. 하지만 유전자 감식 기술이 사라지는 바람에 수사에 어려움을 겪고 있습니다.

이게 무슨 일이고?

유전자 감식 기술이 없으면 진짜 범인인지 못 밝혀내는 거야?

바로 저거야.
유전자 감식!

큰일이야.
저러다 연쇄 살인범이
풀려나기라도 하면
어떡해?

꼬옥

발명가 짓이
분명해.

그럼 오늘도
과거로 가 보재이.

나와라! 시간
되돌리기 요술,
깸!

1986년 영국 나보르의 작은 마을

"아얏!"
하리는 달려가는 경찰과 부딪혀 넘어질 뻔했어.
그 경찰이 한 남자를 붙잡았어.
"널 연쇄 살인 용의자로 체포한다!"
현우가 깜짝 놀라 하리의 어깨를 잡았어.

금비의 인물 사전

알렉 제프리스 (1950~)

영국의 유전학자. 유전자가 손가락의 지문처럼 사람마다 다르다는 사실을 발견한 뒤, 범인을 찾아내는 유전자 감식 기술을 개발하였다. 이 기술은 과학 수사 전반에 사용되며, 친자 확인에도 활용된다.

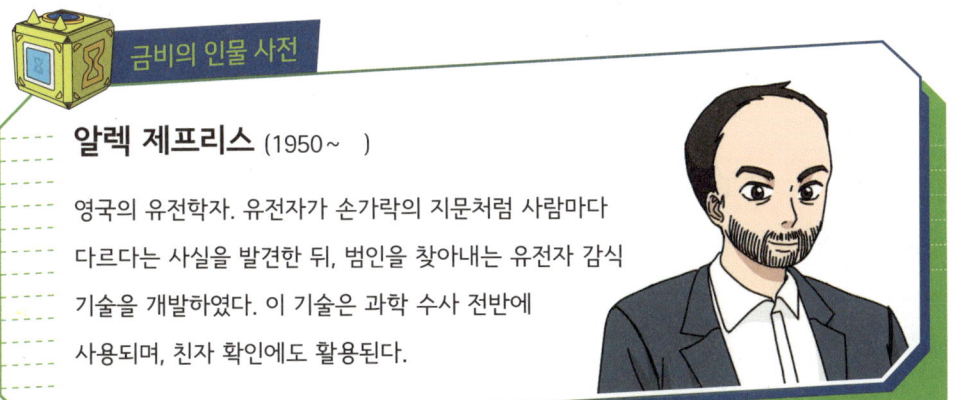

교수님,
두 혈액이 같은 사람의
것이라는 걸 알아내는
방법이 없을까요?
당연히 있지요.
유전자를 분석하면
돼요.
스멀
스멀

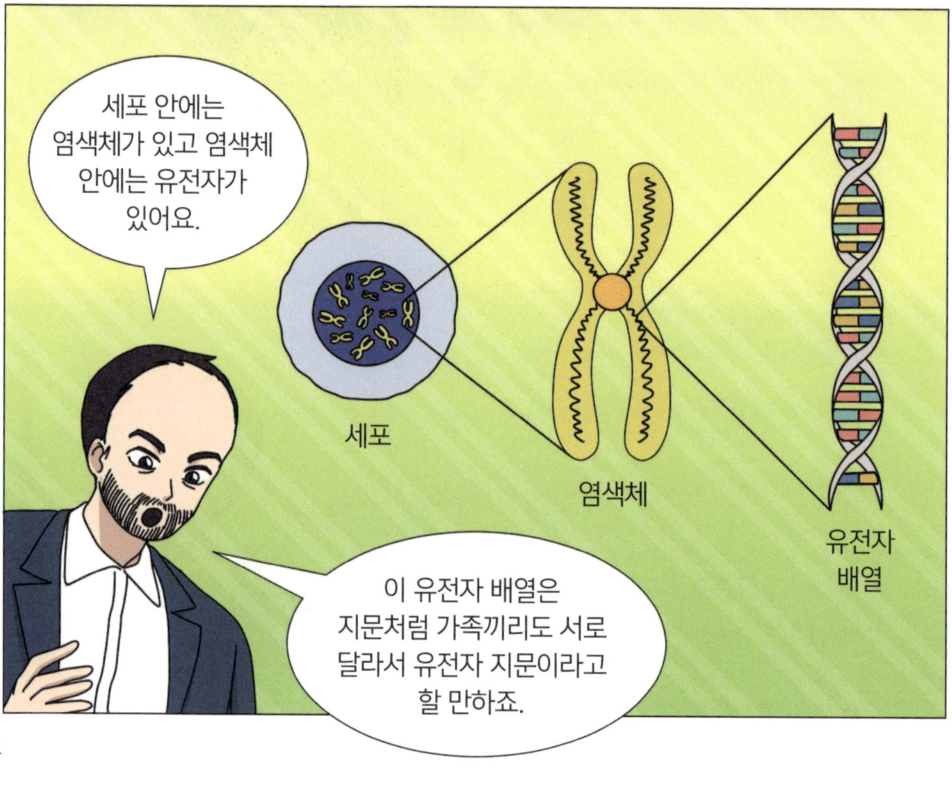
세포 안에는
염색체가 있고 염색체
안에는 유전자가
있어요.
세포
염색체
유전자
배열
이 유전자 배열은
지문처럼 가족끼리도 서로
달라서 유전자 지문이라고
할 만하죠.

"자, 교수님! 빨리 분석해 주세요."
제프리스는 재빨리 두 혈액의 유전자를 검사했어.

경찰은 5천 명이 넘는 마을 사람들을 다 검사하기로 했어.
마침내 제프리스는 유전자 배열이 똑같은 사람을 찾아냈어.

나보르 마을은 다시 평온을 되찾았어.
그때부터 제프리스가 발견한 유전자 감식 기술은
과학 수사에 꼭 필요한 방법이 되었어.

부활 퀴즈

무슨 소리! 퀴즈를 맞히지 못하면,
과학 수사를 못 하도록 계속 방해할 거야.

1. 다음 설명이 맞으면 ○, 틀리면 ×를 괄호 안에 써 봐.

   ① 머리카락, 침, 손톱에서도 유전자를 발견할 수 있다. (   )

   ② 일란성 쌍둥이는 유전자의 지문이 똑같다. (   )

   ③ 지문이 사람마다 다르다는 것도 제프리스가 발견했다. (   )

2. 유전자 감식 기술 외에도 다양한 과학 수사 방법이 있어.
   과학 수사 방법의 설명으로 알맞은 것을 찾아 이어 봐.

   ① 거짓말 탐지기 •   • ㉠ 맥박, 호흡, 손에 흐르는 땀을 분석해 거짓말을 알아내는 기계이다.

   ② 프로파일링 •   • ㉡ 범인의 성격, 행동 패턴을 분석하는 방법이다.

발견과 발명 - 신호등

설계도를 노리는 그림자

그날 밤, 하리는 강림에게 전화해
오늘 있었던 일을 얘기해 줬어.
"하리야, 정말 대단해. 하지만 조심해야 돼."
하리는 전화를 끊고, 자리에 누웠어.

밤이 깊어지자, 검은 그림자가 쓱 하리 방으로 들어왔어.
발명 수첩을 들고 빠져나가려는 순간, 하리는 강림의 목소리에 눈을 떴어.
"발명가 귀신, 꼼짝 마!"

발명가 귀신이 창밖으로 달아났어.
강림이 재빨리 뒤쫓았고
하리와 두리도 뒤따랐어.

발명가 귀신은 골목을 빠져나가 큰길로 달아났어.
도로에는 차들이 쌩쌩 달리고 있었어.
발명가 귀신은 뒤를 돌아보고 씩 웃더니
도로로 뛰어들었어.

귀신이 사라졌어!
어? 누나, 신호등도 함께 사라졌어.

탁

슉

쿵

파앗!

과거로 간 게 분명해.

1914년 미국 클리블랜드

하리 일행이 도착한 곳은 신호등을 발명한 모건의 집이었어.
갑자기 벽난로에서 검은 손이 쑥 나왔어.
그러더니 신호등을 그린 설계도를 끌어당기지 뭐야.
금세라도 활활 타는 불에 닿을 것 같았어.

이걸 태우면 신호등을 영영 볼 수 없을걸! 크크크!

내 설계도, 돌려줘.

발명가 귀신이 벽난로에 빙의했어! 옴마야, 설계도가 금방 타겠데이.

금비의 인물 사전

가렛 모건 (1877~1963)

미국의 발명가. 전기로 움직이는 자동 교통 신호등을 최초로 만들어 클리블랜드 시내에 설치했다. 또 터널 폭발 사고가 발생했을 때, 자신이 발명한 방독면으로 사람을 구해 카네기 메달을 받기도 했다.

드디어 클리블랜드 거리에 모건이 만든 신호등이 세워졌어.
사람들과 차들이 신호등에 따라 움직였지.
"이제 교통사고를 막을 수 있을 거야."
모건의 얼굴에 흐뭇한 미소가 번졌어.

부활 퀴즈

끝났다고 안심하긴 일러.
퀴즈를 못 맞히면, 너희를 이곳에 가둬 버리겠어.

1. 모건이 신호등을 만든 뒤, 3색 신호등이 발명됐어.
   다음을 읽고, 알맞은 신호등 색을 찾아 이어 봐.

   ① 위험을 알리는 색이야.
      멀리에서도 가장 잘
      보이지.

   ② 안전을 나타내는 색이야.
      빨간색과 대비되어 가장
      눈에 잘 띄는 보색이야.

    ㉠ 빨강
   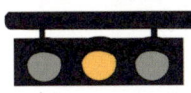 ㉡ 노랑
    ㉢ 녹색

2. 횡단보도 길이가 10미터일 때 녹색 신호등이 켜지는
   시간은 얼마일까? (초)

기본 시간 7초에,
1미터당 1초를 더해
계산하면 돼.

1번은 ①-㉠, ②-㉢이야.
2번은 17초야.
또 정답을 맞히다니!
파팟!
신호등이 돌아왔다!
어? 강림아, 다리 어떻게 된 거야?
차들을 막다가 좀 다쳤어. 그나저나 발명가가 엄청난 일을 벌일 것 같은 예감이….
절뚝

3
커져 버린 귀신의 분노

세상을 바꾼
위대한 발견과 발명

발견과 발명 - 백열전구

어둠을 몰아낸 사나이

발명가 귀신은 녹아 버린 발명 수첩을 내려다보았어.
"내 목숨보다 소중한 발명 수첩을 망가뜨리다니,
인간들에게 복수할 거야. 그러려면 힘이 필요해!"
발명가 귀신은 흑마법사를 찾아갔어.
"흑마법사, 인간 세상을 망가뜨릴 수 있게 나에게 힘을 주시오!"
"인간 세상의 종말을 볼 수 있는 일이라면 당연히 도와줘야지."

그날 저녁 하리네 집.
"엄마, 아빠는 저녁 약속이 있어서
나갔다 올게."
"앗싸, 게임 실컷 해야지."
"난 만화 영화 봐야지."
그런데 갑자기 전등이 탁 꺼져 버렸어.
두리가 스위치를 켰다 껐다 했어.
"왜 안 켜지지? 누나, 무서워."
하리는 베란다로 나가 밖을 내다봤어.

온 도시가 깜깜해.
정전인가?

하리야, 무슨 일
났데이? 왜 이리
깜깜하데이!

하리의 연락을 받은 리온이 금세 도착했어.
"하리가 내 도움이 필요하다면 언제든지 달려와야지. 자, 출발!"
"나온나! 시간 되돌리기 요술, 깨!"
금비가 시간 요술을 부렸어.

1878년 미국 뉴저지주 멘로파크

하리와 친구들은 어느 연구소에 떨어졌어.
책상 위에는 기름 램프가 켜져 있었어.
"왜 이렇게 어두워. 여기도 정전인가?"
신비가 투덜거렸어.

이 기사를 보니 여기가 누구 연구소인지 알겠어. 바로 에디슨!

아직 전등이 발명되지 않아서 그래.

 **금비의 인물 사전**

토머스 에디슨 (1847~1931)

미국의 발명가. 알렉산더 벨이 만든 전화기를 발전시켰고 축음기를 발명했다. 오래가는 백열전구를 발명하고 발전기를 만들어 가정에까지 전기를 보급하였다. 에디슨의 발명품은 모두 1,000여 종이 넘는다.

그때 에디슨이 연구실로 들어왔어.
"자네들은 새로 들어온 조수인가?"
하리는 고개를 끄덕이고 에디슨에게 뭘 연구하는지 물었어.
"전등! 사람들이 많이 쓰는 기름 램프는 어둡고 불이 날 염려가 많아. 그래서 전기를 이용한 전구를 만들어 안전히 쓰게 할 거야."
에디슨이 실험을 시작했어.

그런데 전구의 불은 금세 꺼져 버렸어.
"고장 난 거예요?" 두리가 물었어.
"아니, 필라멘트가 타 버린 거야. 높은 온도에서도 오래 타는 필라멘트를 넣으면 오래가는 전구를 만들 수 있을 거야."
에디슨은 다시 실험을 시작했어.

"쾅! 쾅! 쾅!"
"뭐 하는 거예요? 이러다가 발전기 망가져요."
하리는 망치로 발전기를 내리치는 조수들을 막아섰어.
"하리야, 조심해. 발명가 귀신이 사람을 조종할 수 있게 된 것 같아."
리온은 얼른 카드를 꺼내 들고 외쳤어.

부우욱

감히 내 계획을 또 막다니! 가만두지 않겠다!

세피르 카드의 힘! 대천사의 왕관, 말쿠트!

촤앙

윽!

부활 퀴즈

뭐가 대단하다고 호들갑을 떨어?
퀴즈를 풀기 전까지 어둠이 사라지지 않을 거야!

에디슨이 사람들을 위해 만든 발명품을 모두 골라 봐.

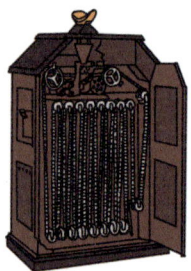
영사기

축음기

세탁기

우주선

전기 자동차

전기 선풍기

핸드폰

진공청소기

기차

"정답은 영사기, 축음기, 전기 자동차, 전기 선풍기."

"세상을 어둠으로 뒤덮으려고 했는데 실패했다! 으으으"

"발명가 귀신이 도망가고 있어!"

파팟!

"불 들어왔다. 형, 엄마가 올 때까지 게임을 하자."

"그럴까?"

"으이구!"

팔짝

발견과 발명 - 인공위성

하늘을 뒤덮은 먹구름

다음 날, 학교에서 하리와 두리는 강림을 만났어.
"강림아, 몸은 괜찮아? 어제 리온이 도와줘서
다행히 귀신을 물리쳤어.
그런데 무슨 이유에선지 귀신의 힘이 엄청 세졌어."
그러자 강림은 주소가 적힌 종이를 내밀었어.

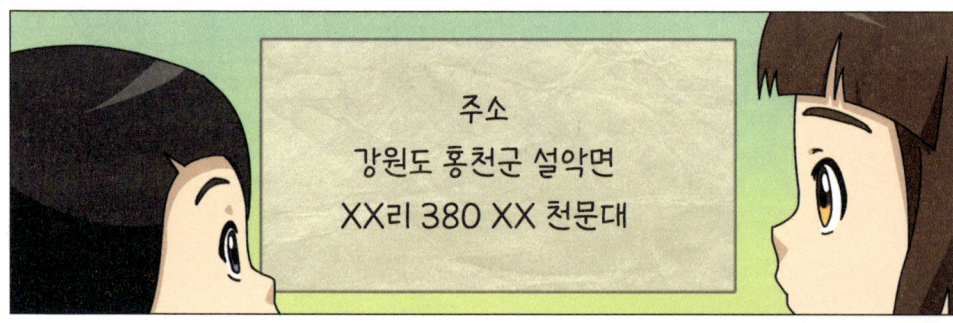

하리는 아빠에게 차로 천문대까지 태워 달라고 했어.
"천문대 구경을 하고 싶다고? 좋아, 출발!"
당황한 강림에게 하리가 눈을 찡긋거리며 속삭였어.
"아빠한테 사실대로 말 못 했어."
아빠는 한참을 운전하다가 갑자기 차를 세웠어.
"내비게이션이 고장 났나? 길을 못 찾네."

아빠는 말을 이어 갔어.
"인공위성이 없으면 날씨도 예측하기 어렵고,
다른 나라 소식도 받을 수 없고, 여기에 꼼짝없이 갇힐 수도 있어."
두리가 걱정스러운 표정을 지었어.
"그럼, 우린 어떡해요?"
아빠는 차에서 내리더니 말했어.
"근처 마을에 가서 길 좀 물어보고 올 테니 여기서 기다리렴."

1957년 러시아 항공 우주국

"코롤료프는 요즘 인공위성을 개발하고 있다며?"
"미국과의 전쟁에서 이기려면 미사일 같은
무기를 개발해야지."
러시아 과학자들이 연구실 안을 들여다보며 수군거렸어.
"제대로 찾아온 것 같은데."
아이들은 코롤료프의 연구실로 들어갔어.

금비의 인물 사전

세르게이 코롤료프 (1907~1966)

러시아 최고의 로켓 공학자. 러시아의 우주 개발을 주도했던 인물 중 한 명이다. 세계 최초로 인공위성 스푸트니크를 우주에 쏘아 올렸고, 세계 최초의 우주인 유리 가가린을 태운 우주 비행도 성공시켰다.

코롤료프는 자신의 계획에 대해 설명했어.

❶ 로켓에 인공위성을 싣고 우주로 쏘아 올려.

❷ 그럼 인공위성은 지구에서 끌어당기는 중력과 나아가려는 힘이 같아지는 궤도에서 떨어지지 않고 지구 둘레를 돌아.

❸ 인공위성에 달린 사진기와 송신 장치는 사진을 찍어서 우주에서 본 지구의 모습을 우리에게 보내 줄 거야.

코롤료프의 말에 두리가 하리에게 속삭였어.
"누나, 인공위성을 발명할 수 있겠어."
"그렇게 빨리 만들 수 있는 게 아냐. 좀 더 지켜보자고."
하지만 코롤료프는 한 달 만에 인공위성을 완성했어.

발명가 귀신이 사라지자 날씨는 다시 맑아졌어.
1957년 10월 4일 오후 10시 28분.
인공위성 스푸트니크를 실은 로켓이 발사되었어.
5분 후 스푸트니크는 지구 주위를 돌기 시작했어.
"삐…삐…삐…."
스푸트니크는 최초의 메시지를 지구로 보내왔어.

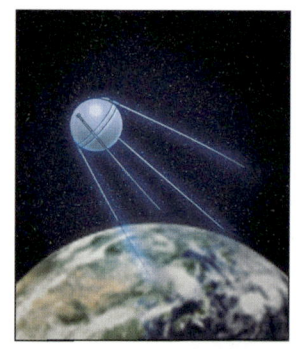

전 세계 사람들에게 우주 시대의 시작을 알리는 소리야.

로켓의 추진력을 더 강하게 해서 쏘아 올리면 우주 멀리까지 갈 수 있을 거야.

성공이야!

부활 퀴즈

성공은 무슨 성공! 우주여행에 성공한 사람이 누구인지 맞히면 인공위성을 돌려주지.

아래의 글을 읽고 누구인지 맞혀 봐.

1. 1961년 인류 최초로 우주 궤도에 진입한 러시아의 우주 비행사야. 나는 누구일까?

2. 1969년 아폴로 11호를 타고 인류 최초로 달을 밟은 미국의 우주 비행사야. 나는 누구일까?

지구가 보인다! 우주는 검지만 지구 둘레는 아름다운 푸른색 섬광이 비친다.

이것은 한 사람에게는 작은 발걸음에 불과하지만, 인류에게는 위대한 도약이 될 것입니다.

발견과 발명 - 숫자 영(0)

악마의 숫자

"오늘은 기다리고 기다리던 엄마의 월급날!
치킨 파뤼! 엄마, 빨리 치킨 주문해 주세요."
두리가 신나서 소리쳤어.
"그렇게 좋아? 지금 한다."
그때 엄마 핸드폰에 알림이 왔어.
"이게 뭐야?"
엄마는 알림을 열어 보고는 화들짝 놀랐어.

315원?

월급이 315____원 입금되었습니다.

월급이 왜 이렇게 깎였어요?

내년 나라 예산은 83_____원입니다.

뭐라고? 83원으로 무슨 나라 살림을 하지?

뭔가 이상해.

그때 초인종이 울렸어.
하리가 문을 열어 보니 강림과 리온이었어.
"하리야? 어서 나와 봐. 큰일 났어."
아이들은 서둘러 밖으로 나갔어.

630년경 인도

하리와 아이들은 천문대 마당에 떨어졌어.
"너희들이 내 그림자를 가리고 있구나. 비켜 줄래?"
돌아보니 이상한 옷을 입은 사람이 서 있었어.
"죄송해요. 그런데 왜 그림자를 가리면 안 돼요?"
"그림자의 길이를 재서 탑의 높이를 계산할 거거든."

"제대로 찾아왔어. 저분이 영(0)을 발견한 브라마굽타야."

"그림자 길이로 탑의 높이를요? 말도 안 돼요."

"잘 봐."

금비의 인물 사전

브라마굽타 (598~668)

인도의 수학자이자 천문학자. '없음'을 나타내는 숫자인 '영(0)'을 발명한 최초의 수학자이다. 천문학에 관한 『우주의 탄생』을 썼는데, 이 책에 수학에 대한 연구들도 기록해 놓았다.

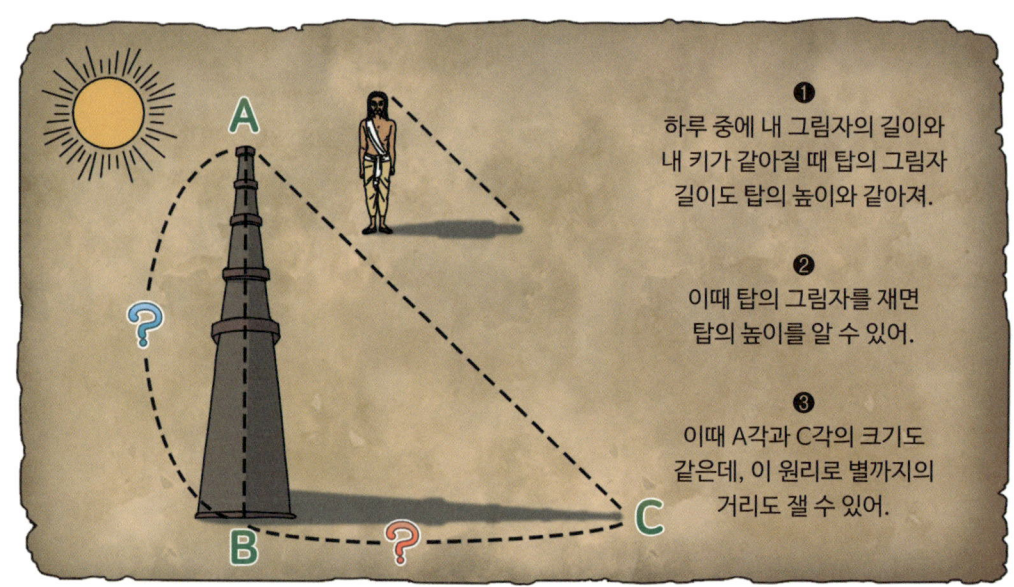

브라마굽타는 두 탑 그림자의 길이를 재서 탑의 높이를 적었어.
두리는 그걸 보고 고개를 갸우뚱했어.

브라마굽타는 학자들을 불러 모아 놓고 말했어.
"이 동그라미는 '없음'을 나타내는 수입니다."
"'없음'이 어떻게 수가 된단 말이오?"
"그딴 걸 어디다 쓰라고!"
학자들이 브라마굽타를 비난했어.

그러자 갑자기 학자들이 웅성거렸어.
"브라마굽타가 이상한 숫자로 사람들을 현혹하고 있어."
"브라마굽타는 악마가 분명해."
학자들이 브라마굽타를 붙잡았어.

"브라마굽타를 불태워라!"
학자들이 계속해서 소리를 질렀어.

"세피르 카드! 봉인 해제! 태초의 홍수, 비나!"

다행히 불은 꺼지고 브라마굽타는 목숨을 건졌어.
학자들도 제정신으로 돌아왔어.

"발명가 귀신이 추위를 싫어한다고 했지?"

"좋아! 세피르 카드의 힘! 얼어붙은 달빛, 예소드!"

"으, 추운 거 싫어! 얼어붙고 싶지 않아!"

브라마굽타는 『우주의 탄생』에 1부터 9와 0을 사용하는 인도 숫자에 대해 써서 사람들에게 널리 알렸어.

부활 퀴즈

아직 숫자 영(0)이 돌아오지 않았어.
퀴즈를 풀어야 한다고.

1. ■에 공통으로 들어가는 숫자를 써 봐.

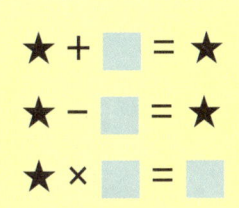

① 어떤 수에 ■을 더하거나 빼도 어떤 수가 돼. 또 어떤 수에 ■을 곱하면 항상 ■이 돼.

② 컴퓨터는 1과 ■ 두 가지 숫자로만 인식해. 이걸 2진법이라고 해.

2. 다음 글을 읽고 ■에 들어갈 말을 써 봐.

0, 1, 2, 3, 4, 5, 6, 7, 8, 9의 10개 숫자는 인도에서 시작되었으나 아라비아 사람이 유럽으로 전해서 ■■■■ 숫자라고 불러.

발견과 발명-투표 제도

사라진 민주주의

얼었던 발명가 귀신의 몸이 겨우 정상으로 돌아왔어.
"발명품을 없애 버리는 걸로는 안 되겠어.
내가 직접 세상을 지배할 테야. 어떤 방법이 좋을까?"
그때 텔레비전에서 대통령 후보자들의 모습이 보였어.

바로 저거야!
모두 내 밑에 무릎
꿇게 하겠어.

기원전 510년경 고대 아테네

하리와 아이들은 아테네의 어느 광장에 떨어졌어.
사람들이 광장에서 토론을 하고 있었어.
"지도자가 멋대로 다스리는 걸 막을 수 없을까요?"
"우리 시민의 뜻을 보여 줄 방법을 찾아봐요."
그러자 정치가 클레이스테네스가 도자기 조각을 들어 올렸어.

이걸로 투표를 합시다!

금비의 인물 사전

클레이스테네스 (?~?)

고대 아테네의 정치가. 모든 시민에게 평등한 참정권을 부여하고, 나쁜 지도자의 출현을 막기 위해 세계 최초로 투표 제도를 만드는 등의 정치 개혁을 추진하여 민주주의의 기초를 마련하였다.

투표가 끝나자 클레이스테네스는 도자기 조각이 든 항아리 앞으로 다가갔어. 그때 항아리가 붕 떠올랐어.

클레이스테네스와 아테네 사람들은 무사히 개표를 마쳤어.
그 뒤로 해마다 아테네에서는 도자기 조각 투표를 해서
독재자가 생기지 않도록 했어.
또 나랏일을 시민들이 함께 결정하도록 민회도 만들었지.
그러자 주변 나라들도 이 제도를 본받아 민주주의를 시작했어.

부활 퀴즈

무슨 소리! 퀴즈를 풀어야 민주주의가 돌아온다고.
이번 퀴즈는 쉽지 않을 거야.

민주주의 선거의 4대 원칙에 대한 설명으로 알맞은 것을 찾아 이어 봐.

① 보통 선거 •   • ㉠

② 직접 선거 •   • ㉡

③ 비밀 선거 •   • ㉢

④ 평등 선거 •   • ㉣

쨍그랑

살려 주세요!

파앗!

요술 큐브, 방어막의 요술!

윽! 이렇게 무너지다니!
이봐, 친구! 나 좀 봐.
너희들이 어떻게 여기에?
헉
네가 도시에 나타났다는 소식을 듣고 급히 찾아왔지.
내 모습이 우습지? 예전처럼 비웃고 싶으면 비웃어.
아니야, 네 발명품은 항상 기발하고 훌륭했어. 제대로 쓸데를 못 찾았을 뿐이야.
토닥
저길 봐!